Pierina

Piérina

WWW.ANTONINANOVARESE.COM

Published by Antonina Novarese, Vertou, France
English / French bilingual edition
Written, translated, illustrated, designed by Antonina Novarese
First published as *Small White* in English in 2020 by Antonina Novarese
ISBN : 978-2-902718-20-7
Édition : Antonina Novarese, 51 rue Charles Lecour, 44120 Vertou, France
Imprimé à la demande
Loi n° 49.956 du 6 juillet 1949 sur les publications destinées à la jeunesse : juin 2022
Dépôt légal : juin 2022

Pierina / Piérina

story and pictures by Antonina Novarese
écrit et illustré par Antonina Novarese

Pierina was feeding her pet bugs. Suddenly, they all ran away. Pierina looked around, and saw that a storm cloud was coming.

Piérina était en train de nourrir ses insectes de compagnie. Soudain, ils s'enfuirent tous. Piérina regarda autour d'elle et vit qu'un orage arrivait.

Plop! Plop! Plop! It started raining. Pierina's wings were getting wet. She looked around for somewhere to hide. She found a big leaf.

Ploc ! Ploc ! Ploc ! Il commençait à pleuvoir. Les ailes de Piérina se mouillaient. Elle chercha un endroit où se cacher. Elle trouva une grande feuille.

But the wind blew it away almost at once.
Pierina trembled.

Mais le vent l'emporta presque aussitôt.
Piérina trembla.

She took cover beneath a mushroom. It was dry under there, and Pierina sighed with relief.

Elle se réfugia sous un champignon. Il faisait sec là-dessous, et Piérina soupira de soulagement.

But a moose came and ate the mushroom.

Mais un élan vint et mangea le champignon.

Pierina found a hole in a tree. It was warm in there. While she was sheltering, the rain stopped, and the sun came out again.

Piérina trouva un trou dans un arbre. Il faisait chaud là-dedans. Pendant qu'elle s'abritait, la pluie s'arrêta et le soleil revint.

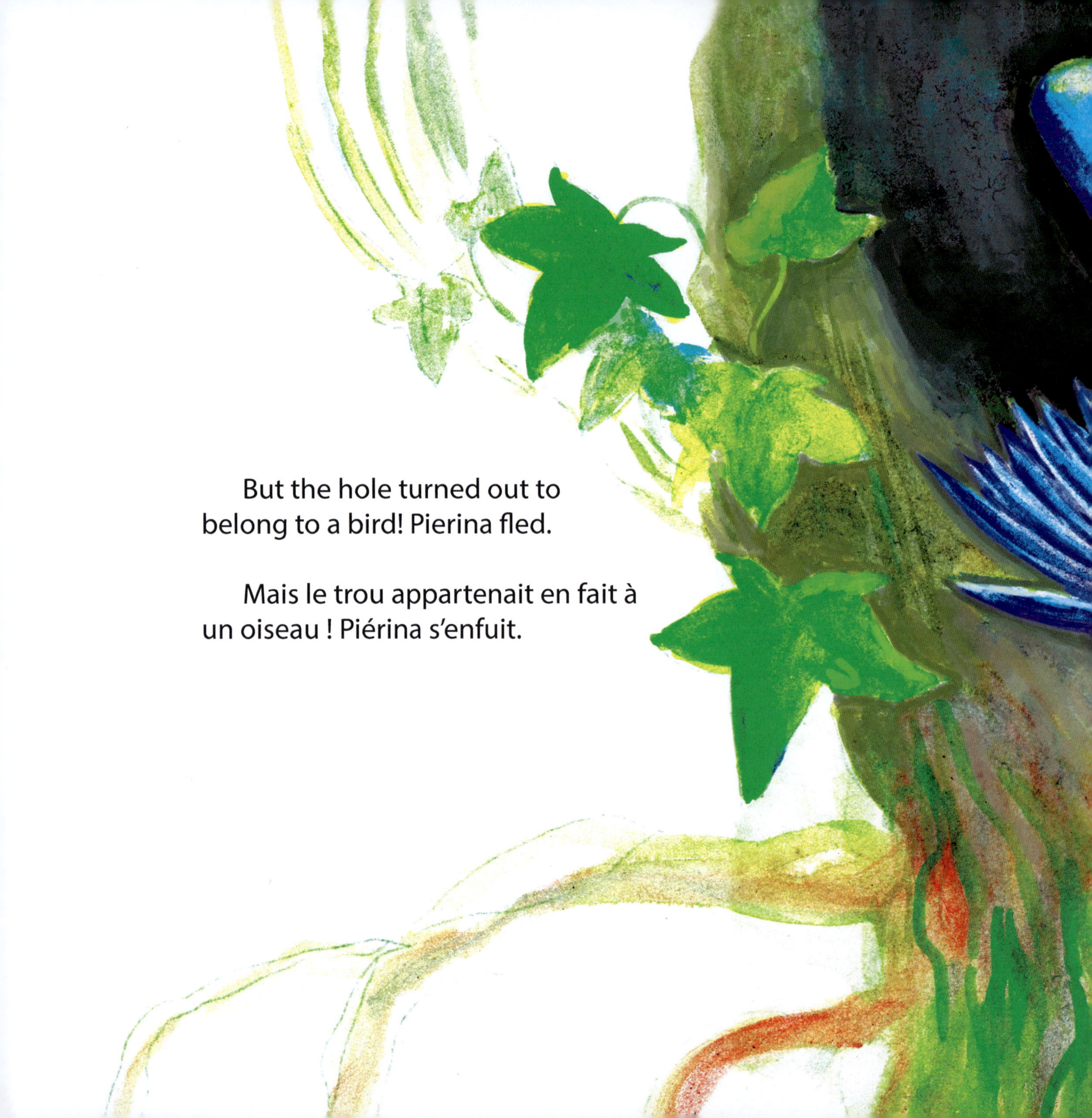

But the hole turned out to
belong to a bird! Pierina fled.

Mais le trou appartenait en fait à
un oiseau ! Piérina s'enfuit.

Luckily, the bird couldn't keep up with her. But something was holding Pierina back.
It was a spider's web.

Heureusement, l'oiseau n'a pas pu la suivre. Mais quelque chose retenait Piérina.
C'était une toile d'araignée.

Pierina tried to desperately break free.
Eventually she managed it.

Piérina essaya désespérément de se
libérer. Finalement, elle réussit.

Pierina looked up and saw the bird circling in the sky,
looking for her. It was coming closer when a frog showed up.

Piérina leva les yeux et vit l'oiseau tourner dans le ciel à
sa recherche. Il se rapprochait lorsqu'une grenouille apparut.

"What are you doing here, Pierina, all wet like this? Get on my back, I will take you home," said the frog.

« Qu'est-ce que tu fais là, Piérina, toute mouillée comme ça ? Monte sur mon dos, je te ramènerai à la maison », dit la grenouille.

Pierina sat on the frog's back and they hopped away.

Piérina s'assit sur le dos de la grenouille et elles s'éloignèrent en sautillant.

The sun was setting when the frog brought
Pierina back home.
"What a hard day that was," thought Pierina,
"and what a joy it is to be home with a friend."

Le soleil se couchait lorsque la grenouille
ramena Piérina à la maison.
« Quelle dure journée », pensa Piérina, « et
quelle joie d'être à la maison avec un ami. »

Printed in Great Britain
by Amazon

84503470R00016